DÉCLARATION

DU ROI,

Qui ordonne que l'Assemblée des Etats-Généraux aura lieu dans le courant de Janvier 1789, & que les Officiers des Cours reprendront l'exercice de leurs fonctions.

Donnée à Versailles le 23 Septembre 1788.

DÉCLARATION
DU ROI,

Qui ordonne que l'Assemblée des États-Généraux aura lieu dans le courant de Janvier 1789, & que les Officiers des Cours reprendront l'exercice de leurs fonctions.

Donnée à Versailles le 23 Septembre 1788.

Registrée en la Cour des Aides le 24 du mois de Septembre 1788.

LOUIS, PAR LA GRACE DE DIEU, ROI DE FRANCE ET DE NAVARRE : A tous ceux qui ces présentes Lettres verront : Salut. Animés constamment par le desir d'opérer le bien de l'Etat, nous avions adopté les projets qui nous avoient été préfentés pour rendre l'adminiftration de la Juftice plus fimple, plus facile & moins difpendieufe. Ce font ces différentes vues qui avoient été le motif des Loix enregiftrées en notre préfence le 8 Mai dernier ; nous n'avions eu pour but, en adoptant ces Loix, que la perfection de l'ordre & le plus grand avantage de nos Peuples ; ainfi les mêmes fentiments ont dû nous engager à prêter toute notre attention aux diverfes repréfentations qui nous ont été faites, & conformément aux vues que nous avons toujours annoncées ; elles ont fervi à nous faire connoître des inconvéniens qui ne nous avoient pas d'abord frappés, & puifque différentes confidérations nous ont engagé à rapprocher le terme des Etats-Généraux, & qu'inceffamment nous allons jouir du fecours des lumieres de la Nation, nous avons cru pouvoir renvoyer, jufqu'à cette époqne prochaine,

l'accomplissement de nos vues bienfai-
santes. Rien ne pourra nous détourner
de la ferme intention où nous sommes
de diminuer les frais des contestations
civiles, de simplifier les formes des
procédures, & de remédier aux inconvénients inséparables de l'éloignement
où sont plusieurs Provinces des Tribunaux supérieurs ; mais comme nous ne
tendons essentiellement qu'au plus grand
bien de nos Peuples, aujourd'hui que
le rapprochement des Etats-Généraux
nous offre un moyen d'atteindre à notre
but, avec cet accord qui naît de la
confiance publique, nous ne changeons
point ; mais nous remplissons plus sûre-
ment nos intentions, en remettant nos
dernieres résolutions jusqu'après la tenue
des Etats-Généraux. C'est par ce motif
que nous nous déterminons à rétablir
tous les Tribunaux dans leur ancien
état, jusqu'au moment où, éclairés par
la Nation assemblée, nous pourrons
adopter un plan fixe & immuable. Nous

n'attendons pas cette époque pour ré-
former quelques dispositions de la Ju-
risprudence Criminelle , qui intéresse
notre humanité , & nous enverrons in-
cessamment à nos Cours une Loi où,
en profitant des observations qui nous
ont été faites , nous satisferons le vœu
de notre cœur d'une maniere plus éten-
due que nous ne l'avions fait dans celle
du 8 Mai , & nous éviterons en même
temps les inconvénients attachés à l'une
des dispositions que nous avions adop-
tées. Le bien est difficile à faire , nous
en acquérons chaque jour la triste ex-
périence ; mais nous ne nous lasserons
jamais de le vouloir & de le chercher.
Nous invitons nos Cours à seconder
les diverses intentions que nous venons
de manifester , en nous éclairant elles-
mêmes sur les moyens les plus efficaces
ces pour perfectionner l'administration
de la Justice , & nous nous confions
assez à la pureté de leur zele , pour être
persuadés qu'elles ne seront arrêtées par

aucune confidération perfonnelle. Le moment eft venu où tous les Ordres de l'Etat doivent concourir au bien public, & nos Cours fe plaifent à donner l'exemple de cette impartialité qui peut feule conduire à une fin fi defirable. Nous comptons parmi les devoirs effentiels de notre juftice, de prendre fous notre protection la plus fpéciale ceux de nos Sujets qui, par leur zele & leur obéiffance, ont concouru à l'exécution des volontés que nous avons manifeftées; & quand nous éloignons de notre fouvenir tout ce qui pourroit nous diftraire des véritables intérêts de nos Sujets, nous ne pourrions fupporter qu'aucun fentiment étranger au bien public vînt contrarier les vues de fageffe, de juftice & de bonté que nous avons confignées dans cette Loi, & que nos Cours doivent adopter avec une fidelle reconnoiffance. A CES CAUSES, & autres à ce nous mouvant, de l'avis de notre Confeil & de notre certaine fcience,

pleine puiſſance & autorité Royale,
nous avons dit, déclaré & ordonné,
& par ces préſentes ſignées de notre
main, diſons, déclarons & ordonnons,
voulons & nous plaît ce qui ſuit :

ARTICLE PREMIER.

Nous voulons & ordonnons que l'Aſ-
ſemblée des Etats - Généraux ait lieu
dans le courant de Janvier prochain.

I I.

Ordonnons en conſéquence que les
Officiers de nos Cours, ſans aucune ex-
ception, continuent d'exercer, comme
ci-devant, les fonctions de leurs Offices.

I I I.

Voulons pareillement qu'il ne ſoit rien
innové dans l'ordre des Juriſdictions,
tant ordinaires que d'attribution & d'ex-
ception, tel qu'il étoit établi avant le
mois de Mai dernier.

I V.

Preſcrivons néanmoins que tous les

Jugements, foit civils, foit criminels, qui pourroient avoir été rendus dans les Tribunaux créés à cette époque, foient exécutés fuivant leur forme & teneur.

V.

N'entendons point cependant interdire aux Parties la faculté de fe pourvoir par les voies de droit, contre lesdits Jugements.

VI.

Impofons un filence abfolu à nos Procureurs-Généraux, & autres nos Procureurs, en ce qui concerne l'exécution des précédents Edits.

VII.

Avons dérogé & dérogeons à toutes chofes contraires à notre préfente Déclaration. Si donnons en mandement à nos amés & féaux Confeillers les Gens tenant notre Cour des Aides à Paris, que ces préfentes ils aient à faire lire, publier & enregiftrer, & le contenu en

icelles exécuter selon sa forme & teneur, cessant & faisant cesser tous trou-
bles & empêchements, & nonobstant
toutes choses à ce contraires ; car tel
est notre plaisir. En témoin de quoi nous
avons fait mettre notre Scel à cesdites
présentes. Donné à Versailles, le vingt-
troisieme jour du mois de Septembre,
l'an de grace mil sept cent quatre-vingt-
huit, & de notre regne le quinzieme.
Signé, LOUIS. *Plus bas :* par le Roi,
Laurent de Villedeuil. Et scellée
du grand sceau de cire jaune.

*Regiſtrée, ouï & ce requérant le Pro-
cureur-Général du Roi, pour être exécu-
tée selon la forme & teneur, lue, publiée,
affichée & imprimée, & copies collationnées
d'icelle envoyées aux Sieges des Elections,
Greniers à sel, Traites Foraines, & autres
Sieges du reſſort de la Cour, pour y être
pareillement lue, publiée & regiſtrée, l'au-
dience tenant ; enjoint aux subſtituts du
Procureur-Général du Roi èsdits Sieges*

9

d'y tenir la main, & de certifier la Cour
de leurs diligences au mois. Donné à
Paris, en la Cour des Aides, chambres
assemblées le vingt-quatre Septembre mil
sept cent quatre-vingt-huit.

Signé, VIVIEN DE GOUBERT.

A PARIS,

Chez KNAPEN, pere & fils, Lib. Imp. de la Cour
des Aides, au bas du Pont Saint Michel.